AF356969

QUELQUES ÉTUDES

SUR

L'ART VERRIER ET LES VITRAUX

D'ALSACE

PAR

BAPTISTE PETIT-GÉRARD

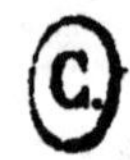

NOTE SUR LES VITRAUX D'ALSACE

ET SUR

UN ANCIEN VITRAIL DE L'ÉGLISE ABBATIALE DE WISSEMBOURG.

———

L'Alsace peut être fière à juste titre des vitraux qu'elle possède et qui lui ont été conservés malgré le mauvais goût qui, comme partout, s'est acharné sur eux; — mauvais goût qui, il faut bien le dire, a détruit plus de nos vieux monuments que les colères ou les passions humaines. Cependant ce qui nous en reste suffit encore largement pour prouver que dans cette grande branche de l'art catholique, notre province peut montrer l'équivalent des plus beaux échantillons connus.

Notre ville seule possède des trésors inappréciables. Notre cathédrale renferme des morceaux du XIIe et du XIIIe siècle aussi beaux que ceux de toute autre métropole. Mais nous avons encore les verrières de Sainte-Marie-Magdeleine, que M. l'abbé Straub vous a si remarquablement analysée et décrite; de Saint-Guillaume, qui conserve un monogramme transposé aujourd'hui, mais que l'on pourrait sans doute attribuer au grand Albrecht Dürer, et dont les magnifiques légendes de Sainte-Apolline et de Saint-Antoine peuvent être sans hésitation attribuées à son admirable pinceau.

Ajoutons les mosaïques de Saint-Thomas, presque uniques dans leur genre; les vitraux de Saint-Pierre-le-Vieux et ceux de l'ancienne église des dominicains, dont les plus belles parties sont aujourd'hui conservées dans les baies de la cathédrale; et enfin les délicieux panneaux conservés à la bibliothèque de la ville, dus en partie aux frères Linck, provenant de la chartreuse de Molsheim : ces peintures sont ce que le XVIIe siècle et la peinture en apprêt ou en émaux translucides ont produit de plus savant et de plus ravissant comme finesse de dessin, d'exécution et de perfection de couleurs. Toutes ces richesses forment pour Strasbourg une splendide collection, qui suffirait à illustrer toute une province. Mais il est dans notre pays peu d'églises anciennes qui ne conservent au moins quelques fragments, témoignages de leur ancienne splendeur.

Citons entre tous, à Haslach, le plus beau, le plus complet style légendaire que le gouvernement lui-même veut réparer et contribuer à conserver ; les belles verrières de la fin du XVe siècle de Walbourg, dans la forêt de Haguenau, celles de Westhoffen, de Rosenwiller, de la même école que celle de Haslach, Saverne, Schlestadt, Mutzig. — Et dans le Haut-Rhin : Colmar, dont les panneaux, quoique dépareillés et transposés, témoignent de quel vif éclat l'art du verrier y a brillé jadis ; — Thann, Vieux-Thann, Kaisersberg, Lautenbach ; Rouffach avec quelques beaux restes de légendes et de grisailles ; et avant tous Mulhouse, dont les verrières déposées il y a peu de temps, lors de la démolition de l'ancienne église, doivent être replacées dans le nouveau temple, et qui sont, à part leur riche harmonie et leur valeur historique et archéologique, remarquables entre toutes par leur agencement et le symbolisme le plus ingénieux et le plus grandiose.

J'espère bien, sitôt que j'en aurai l'occasion ou le loisir, vous présenter une série de travaux sur ces œuvres d'art si remarquables, et qui mettent l'Alsace au niveau des provinces les plus richement dotées. Je viens en attendant soumettre au Comité un de nos échantillons les plus intéressants pour l'histoire de l'art, parce que avec une date certaine, il peut servir à préciser l'époque de toute une série de nos monuments.

L'église de l'antique abbaye de Wissembourg possède encore, quoique horriblement mutilés et transposés, quelques fragments épars du XIIe siècle, des motifs précieux et très-originaux de mosaïques à entrelacs de la fin du XIIe ou de la première moitié du XIIIe siècle, une série de beaux panneaux de style légendaire et de belles et riches grisailles, d'un agencement très-ingénieux, du XIVe et du XVe siècle.

Ce qui m'a surtout frappé, c'est tout un système d'ornementation spéciale que j'avais déjà remarqué à Saint-Pierre-le-Jeune de Strasbourg, mais qui se trouve ici sur une échelle beaucoup plus grande. Cette ornementation, dont de notables morceaux existent encore dans les baies de la haute nef, est composée de verres de couleur sans peinture, recouverts seulement d'un léger mat qui détruit la trop vive transparence des verres et la crudité des tons, et arrive par ce moyen à un ensemble plus harmonieux; ces verres sont assemblés par simples formes géométriques indiquant franchement la mise en plomb, ou formant d'élégants entrelacs sur fond blanc; l'agencement général est de la plus grande simplicité, et l'on peut se convaincre que ce parti hardi devait produire dans son ensemble l'effet le plus heureux et le plus monumental. Enfin, Wissembourg conserve encore quelques beaux panneaux du XVe siècle, remarquables surtout par l'extrême finesse qui caractérise cette époque.

Mais c'est surtout la grande rose placée au transept du côté de l'Épître qui me semble digne du plus haut intérêt. L'ossature se compose de huit lobes géminés terminés chacun par un trèfle inscrit dans le lobe même. Toute la baie est ornée de grisailles qui, par l'ampleur du dessin, et même par les détails, appartiennent encore à la belle tradition du

XIIe siècle; mais n'oublions pas que c'est ici un monument de l'école bénédictine, qui a conservé bien longtemps les souvenirs de cette époque; même la couleur qui a servi à peindre les traits est ici encore composée d'oxyde de cuivre, ainsi que l'indique le moine Théophile dans son Traité des divers arts, composé au XIIe siècle, tandis que l'oxyde de fer l'avait déjà presque partout remplacé au XIIIe dans les monuments qui n'appartiennent pas à cette école.

Ce qui donne à cette verrière son importance historique et archéologique, c'est le trèfle inférieur qui représente le donataire lui-même, l'abbé Edelinus, à genoux, avec sa crosse abbatiale, en adoration devant l'Annonciation de Notre-Dame, représentée immédiatement au-dessus de lui, il est donc évident que c'est lui qui a fait exécuter ce travail pendant le temps qu'il gouvernait l'abbaye, à la splendeur de laquelle il a tant contribué et qu'il avait aussi fait entourer de solides fortifications, de 1262 à 1293.

Ainsi que nous l'avons fait remarquer, ce grand vitrail est composé presque en entier de verres blancs, disposés en rinceaux d'un dessin large et simple, indiquant parfaitement les lignes de construction ou la mise en plomb; un étroit filet de couleur alternant jaune ou bleu, vient seulement contourner chaque lobe; les trèfles mêmes sont en verre blanc avec quelques points de couleur dessinant des roses excepté celui qui nous occupe et son pendant à la partie supérieure dans la verticale, et qui représente notre Seigneur Jésus-Christ étendant les mains.

L'harmonie générale est produite sans verres verts, ce qui est un exemple unique à ma connaissance.

Ce vitrail a subi dans son ensemble différentes restaurations, dont la première, assez intelligente, indique par les traces encore visibles le XIVe siècle. La plus malheureuse et la dernière en date appartient au siècle passé, alors que les traditions de l'art verrier étaient si négligées, qu'on a pu faire croire que les secrets en étaient perdus ; aussi peut-on dire que celle-ci a été un véritable vandalisme.

C'est donc surtout par suite de cette malheureuse restauration, plus encore que par l'action du temps, que toute cette verrière, comme toutes celles qui ont passé par les mains des barbares de cette époque, est tombée aujourd'hui dans l'état le plus déplorable.

Justement frappé de la dégradation et de la ruine qui menaçait un monument si intéressant, je résolus de demander à M. le maire et à M. le curé la permission de procéder, à mes frais, à la réparation du panneau trilobé que j'ai l'honneur de soumettre au Comité. Un calque exact constatant l'état dans lequel je l'ai trouvé, prouvera que je n'ai rien exagéré. Il servira aussi à donner une idée des difficultés qu'il y avait à vaincre pour lui redonner sa disposition primitive ; car il s'agissait surtout de maintenir consciencieusement ce qui restait des inscriptions et tout ce qu'il était possible de conserver des verres anciens sauvagement transposés, afin de ne rien compromettre de son antique authenticité.

J'ai dû surtout conserver la tête de l'abbé, quoiqu'elle soit fendue, car elle est empreinte d'un caractère si particulier, d'une individualité si marquée, que je n'hésite pas à croire que c'est bien son portrait qu'on a voulu peindre et que vous avez sous les yeux.

Il est sans doute intéressant à constater que dans les fragments de vitraux conservés à l'abbaye royale de Saint-Denis et exécutés par ordre de Suger, il se trouve un sujet identique à bien peu de chose près à celui qui nous occupe. Il représente, comme Edelinus s'est fait peindre à Wissembourg, le grand abbé à genoux et invoquant aussi l'Annonciation de la Sainte-Vierge, dont les figures sont placées au-dessus de lui. N'est-ce pas là une preuve de ce que j'ai indiqué plus haut, c'est-à-dire la constante tradition qui reliait les écoles bénédictines en fait d'art catholique, sur lequel on sait qu'elles ont jeté un si vif éclat pendant le XIIe et le XIIIe siècle.

Disons en terminant que nous retrouvons ici une marque de la dévotion particulière qu'avaient nos pères à la protection de la Sainte-Vierge. On voit dans la cathédrale un des plus beaux vitraux de la basse-nef placé sous la touchante invocation de l'*Ave Maria*, qui y est écrite en magnifiques caractères du XIIIe siècle. Au XIVe siècle un sire d'Eckrich, donnant à Saint-Georges de Schlestadt une rose représentant en 10 lobes les commandements de Dieu, fit peindre dans les écoinçons l'Annonciation de Notre-Dame au-dessus de son écusson et de celui de sa femme. Et partout où se trouve représenté un donataire, c'est presque toujours, comme à Haslach, au XIIIe siècle, ou à Sainte-Marie-Magdeleine en 1481, avec un phylactère disant une pieuse invocation à la mère du divin Rédempteur.

QUELQUES REMARQUES

SUR

LES ARTISTES - VERRIERS STRASBOURGEOIS DU XVᵉ SIÈCLE,

A PROPOS

DE LA RÉPARATION D'UN VITRAIL DE L'ÉGLISE DE SAINTE-MAGDELEINE.

MESSIEURS,

Dans leur sollicitude pour tout ce qui a rapport à l'ancienne splendeur de notre ville, le maire et l'administration municipale ont bien voulu me confier la réparation de la remarquable verrière placée au fond du chœur de l'église de Sainte-Marie-Magdeleine ; exécutée en 1481 et offerte à l'ancien couvent par le chevalier Bœcklin et sa femme, de la famille de Wurmser, les pieux donataires s'y sont fait peindre à genoux, adressant une touchante invocation à Jésus souffrant, et nous ont conservé ainsi, avec un intéressant souvenir, deux charmantes images des Strasbourgeois de ce temps-là.

Sans revenir sur la complète description de ce beau vitrail, faite par notre collègue, M. le professeur Straub (année 1856-1857, page 100), je demanderai au comité la permission de lui soumettre les détails artistiques qui m'ont frappé pendant le cours de ce travail difficile, et les observations techniques que j'ai été obligé de faire pour le mener à bonne fin.

Le sujet supérieur de la verrière représente, comme vous savez, la patronne de l'église et du monastère des filles repenties, Sainte-Magdeleine, prosternée aux pieds du

Sauveur crucifié, lequel a, selon les règles de l'iconographie chrétienne, la Sainte-Vierge à sa droite et Saint-Jean à sa gauche; au-dessous de ce sujet principal et séparé par un riche motif d'architecture, est peinte la Résurrection de notre Seigneur; dans le même cadre, ou sous le même pinacle, comme cela se rencontre souvent chez les vieux maîtres, se trouve aussi une apparition à la Sainte; elle tient le vase de parfums et s'agenouille devant le Christ vêtu en jardinier. Enfin, dans une division spéciale, tout au bas de la baie, sont placés les deux donataires, avec les écussons de Bœcklin et de Wurmser, accouplés et réunis sous un même cimier, celui du mari; ces armoiries servent de soubassement à une gracieuse image de Notre-Dame, tenant l'enfant Jésus, auquel elle offre une rose, qu'il bénit, et devant elle, dans les deux panneaux latéraux, sont en prière les deux personnages.

Les neuf panneaux qui servent de remplissage au-dessus du sujet principal, sont ornés d'une architecture toute blanche sur fond bleu, sans mélange d'autres couleurs, et une rangée semblable, de trois panneaux seulement, sépare celui-ci du tableau inférieur. Cette architecture est d'une finesse de couleur et d'un modelé des plus admirables; le ton de la peinture est surtout d'une beauté qu'il serait difficile de surpasser, et je ne pense pas qu'il soit possible d'en rencontrer souvent de mieux exécutée; ce dont vous serez convaincus, comme moi, en examinant la belle photographie que j'ai l'honneur de mettre sous les yeux du comité. Cette architecture, quoique du reste empreinte de tous les défauts inhérents à l'époque qui l'a produite, est cependant d'une richesse si élégante, et couverte d'une profusion d'ornements de si bon goût, si bien compris, agencés si savamment et si finement dessinés, qu'on lui pardonne facilement ce qu'elle pourrait avoir de trop maniéré. ·

Le dessin des personnages a tout le grand caractère de l'école allemande de la fin du quinzième siècle ; si on peut lui en reprocher les défauts, il en a aussi au plus haut point les vigoureuses qualités, et nous n'hésitons pas à affirmer que le maître qui a produit cette œuvre, doit être rangé parmi les plus habiles peintres de ce temps ; les têtes sont d'un type sans doute un peu vulgaire, et si l'expression manque quelquefois de noblesse, elle est du moins toujours vivement sentie et très-habilement rendue. L'ajustement des draperies est très-beau, ample, grandiose ; le détail des plis est peu tourmenté, et il est loin de la mesquinerie que l'on rencontre ordinairement chez les artistes inférieurs de l'école allemande ; le modelé des figures est partout simple et large, tel qu'il convient à de la peinture monumentale exécutée sur verre ; admirablement comprise, l'exécution ne laisse à notre avis rien à désirer.

La coupe des verres est bien entendue ; l'agencement des plombs fait valoir partout la vigueur des contours ; les verres colorés, généralement peu épais, ont été très-bien choisis et les tons parfaitement harmonisés ; les bleus, un peu violacés, comme tous ceux de la fin du quinzième siècle, sont cependant du plus heureux effet avec l'architecture blanche, ou en verre blanc légèrement verdâtre ; les jaunes sont vifs sans être roux, les verts peu prodigués se rapprochent beaucoup de la feuille-morte et sont surtout très-harmonieux dans l'ensemble ; les violets et les lilas, remarquables par leur extrême finesse de ton, sont très-variés ; enfin les rouges d'un beau ton de vermillon jaunâtre, sont, il faut le dire, d'une mauvaise fabrication, car la doublure est si peu dure, qu'elle est presque partout entamée par l'action du temps, à ce point qu'elle est même rongée jusqu'au blanc en certains endroits.

On n'a employé comme émail translucide que le jaune au

chlorure d'argent, lequel, appliqué sur le bleu, pour produire le feuillage, a donné un vert très-fin; la couleur qui a servi à peindre les traits et à produire les demi-teintes du modelé des contours, est composée d'un bel oxyde de fer d'un ton chaud, se rapprochant plus ou moins du violet, selon le degré de cuisson des verres; le noir du vêtement des donataires est surtout fait avec la plus grande habileté et il n'est pas possible de trouver un costume plus élégant que le leur; le chevalier porte par-dessus son armure, une espèce de veste ou de justaucorps de velours noir, serré à la taille par une ceinture à laquelle pend l'escarcelle; il est ouvert sur la poitrine et le long des manches, pour laisser voir la cuirasse et les brassarts; ce vêtement dont la forme et la couleur étaient parfaitement appropriés à faire ressortir le luxe brillant et le poli de l'acier, est de la coupe la plus gracieuse; le dessin de l'armure peut être rangé parmi les plus beaux de cette époque. Elle nous rappelle la riche collection que possédait jadis le musée d'artillerie de notre ancien arsenal réuni aujourd'hui à celui de Paris; trophées ou parures des anciens Strasbourgeois, les armures de ce temps étaient si fines et si pures de lignes, que bien souvent nous nous sommes demandé si elles n'avaient pas été moulées d'après nature.

Peut-on imaginer un ajustement à la fois plus noble et plus chaste que celui de la dame; cette coquette coiffure, cette belle et ample robe garnie de fourrures précieuses, ne sont-elles pas des plus distinguées qui se puissent voir?

Tout le vitrail, comme malheureusement ceux remaniés dans le dernier temps, était dans un déplorable état de conservation, et la remise en son état primitif, nous a offert des difficultés de plus d'un genre, surtout dans sa partie inférieure, qui avait encore dernièrement eu à souffrir d'un commencement d'incendie. J'ai été bien secondé cette fois par un de mes meilleurs élèves, M. Ferdinand Hügelin, travaillant sous ma direction.

Mais ce qui nous a frappé dès l'abord, c'est de ne pouvoir retrouver quel a pu être le nom du maître qui a exécuté cette belle œuvre; malheureusement il m'a été impossible, malgré tous mes efforts, d'en découvrir jusqu'ici la moindre trace ou indication précise.

Cependant il existe à Nuremberg, dans l'église de Saint-Laurent, une grande verrière unique dans ce genre à ma connaissance, en Allemagne, et dont j'ai l'honneur de soumettre au comité une lithographie publiée à Stuttgard, en 1850, par George Eberlein; l'analogie est frappante; elle est incontestablement de la même main que la nôtre, cela nous est devenu surtout évident par une partie de l'architecture qui est tout à fait identique, et le costume de notre donataire, entièrement détruit, a pu être rétabli à l'aide d'un de ceux de ce vitrail, appelé *das Volkamerische Fenster,* de Peter Volkamer, le donataire, mort en 1493, et qui s'y est fait représenter avec sa femme et ses enfants. Comme cette verrière est beaucoup plus considérable et plus riche que celle qui nous occupe, j'ai pensé trouver là les renseignements qui me faisaient défaut ici, mais j'ai dû bientôt renoncer à cette idée, car bien que, dans ces derniers temps, on ait cherché à attribuer ce vitrail à Michel Wolgemuth, j'ai pu m'assurer qu'on n'avait cependant aucune autorité suffisante ou même sérieuse à invoquer sur ce point, et je ne pense pas que l'on ait eu d'autre raison, sinon d'avoir voulu attacher un grand nom de la localité à une de ses œuvres les plus remarquables; plus que cela, il ne semble même pas bien prouvé que le maître d'Albrecht Dürer ait jamais fait de peinture sur verre; or, disons d'abord qu'ici ce n'est évidemment pas, ainsi qu'on peut s'en assurer, un travail exécuté d'après un carton ou une réminiscence faite par un artiste ordinaire;

le dessin est trop facile, l'exécution trop libre pour que le maître qui a composé ce magnifique ensemble, ne soit pas aussi celui qui a tenu le pinceau du verrier. On ne pourrait pas davantage l'attribuer aux Hirschvogel, famille d'éminents verriers de Nuremberg, puisque l'église de Saint-Sébald conserve une peinture authentique de ces maîtres, dont la manière s'éloigne visiblement du *Volkamerische Fenster*. Du reste, la beauté de cette dernière est tellement unique, si incontestablement hors ligne, que l'on a disposé une espèce d'échafaud volant, afin que les étrangers puissent l'admirer plus commodément dans ses moindres détails. Je dois ici remercier M. d'Aufsess, président du *germanische Museum* à Nuremberg, de la façon gracieuse dont il a bien voulu me prêter son bienveillant concours pour faciliter mes recherches; mais j'ai été bien vite convaincu que c'était ailleurs qu'il fallait chercher l'atelier et le maître qui ont produit cette œuvre si remarquable.

Revenons donc à Strasbourg, où il est bien certain qu'il y avait, dès le douzième siècle, non-seulement des peintres-verriers distingués, mais incontestablement de grandes écoles d'art, dont les traditions se sont continuées d'âges en âges par une suite non interrompue de maîtres dont les œuvres, remarquables dans toutes les spécialités, sont le témoignage évident. Les travaux exécutés dans tous les monuments du pays et avant tout à la cathédrale, en donnent la preuve irrécusable.

Ainsi pour ne mentionner que quelques artistes du quinzième siècle, dont nous nous occupons ici spécialement, et qui ont pratiqué leur art dans notre ville, en 1400 il est resté le nom d'un *Otten Hans*, qui est désigné comme verrier de l'œuvre Notre-Dame; *Herrmann de Basle* restaura en 1420 les verrières des sacristies du chœur et celles de la crypte; vers la même époque il peignait des miniatures pour des livres de chœur et confectionnait et dorait une crosse épiscopale et des statues d'anges; il travaillait aussi à une grille également dorée; il était donc comme Martin Schœngauer, de Colmar, peintre et orfévre, mais de plus il était verrier. En 1437, *Hertzog der Glaser* travaille aussi aux verrières de la cathédrale.

Un document rapporté par Dotzinger et qui porte une écriture de 1450 à 1460, porte qu'un certain Peter Brucker donna *50 Florenos pro reparatione fenestrarum in monasterio* (dans la cathédrale), or, ces réparations n'ont pu être faites hors de l'enceinte de la ville; c'était donc bien un atelier existant à Strasbourg qui les opérait, et j'ai pu maintes fois, dans mes travaux, en retrouver les traces et constater l'intelligence avec laquelle elles avaient été exécutées. En 1451, *Hans Beberlin der Glaser*, peintre verrier, fut aussi employé aux travaux de la cathédrale; il est dit qu'il travailla en outre pour différentes églises; ne serait-ce pas lui qui a exécuté les réparations dont il vient d'être question?

Le bienheureux *Jacques d'Ulm*, religieux dominicain, un des verriers les plus distingués de son temps, mort en odeur de sainteté au couvent de Bologne, en 1491, attiré sans doute par la renommée de nos maîtres verriers, est aussi venu à Strasbourg et y a probablement travaillé; ses œuvres jouissent de nos jours encore d'une grande réputation en Italie, surtout une grande verrière exécutée pour la ville où il finit ses jours; Leviel rapporte que de son temps on célébrait sa fête le 14 octobre, comme deuxième patron des verriers.

Là s'arrêtent à peu près les documents bien incomplets, sans doute, que j'ai pu recueillir sur les artistes verriers qui ont séjourné et travaillé à Strasbourg pendant ce siècle si riche en œuvres d'art, et l'obscurité la plus profonde règne encore sur les noms des grands maîtres qui y ont travaillé pendant sa dernière moitié, et y ont produit les œuvres les plus remarquables.

Cependant les beaux-arts de toutes les spécialités florissaient vigoureusement chez nous pendant ce beau quinzième siècle : vers 1421 et plus tard, vivait dans notre ville un *Hans Hirtz*, peintre de l'œuvre Notre - Dame ; peu de ses œuvres, il est vrai, lui ont survécu, ou peut-être sont attribuées à d'autres maîtres, mais sa renommée devait être bien grande, puisque Geiler de Kaisersberg, le grand prédicateur, a pu dire de lui dans un de ses sermons : « Alors qu'on voit un beau tableau d'autel, il est inutile de s'enquérir du nom de celui qui l'a peint : on sait bien qu'il est de maître Hirtz. »

Vous avez tous admiré les belles peintures de la passion de Notre Seigneur, ornant aujourd'hui le chœur de l'église de Saint-Pierre-le-Vieux, et vous avez sans doute été frappés de leur analogie comme style. et comme dessin avec la verrière qui nous occupe ; elles sont en effet contemporaines, et proviennent aussi de la Magdeleine, ainsi que le prouvent les donataires et leurs écussons, tous d'anciennes familles strasbourgeoises. Les œuvres d'art de tout genre produites chez nous vers cette époque, sont innombrables ; citons seulement les belles sculptures en bois conservées aussi au chœur de ladite église, représentant sa consécration et des faits de la légende de saint Pierre et de saint Materne ; surtout la chaire de la cathédrale avec ses merveilleuses ciselures et ses statuettes si pleines de caractère ; de beaux haut-reliefs peints et dorés de la Nativité du Christ, de l'adoration des Mages et de la Circoncision, placés par les soins de M. Klotz au musée qu'il a fondé dans la maison de l'œuvre Notre-Dame ; de ravissants groupes de figurines en albâtre, qui se voient au même musée ; le bel autel de Saint-Pancrace, que l'on peut admirer dans la sacristie de la cathédrale, et nombre d'autres œuvres remarquables attestent à quel degré de perfection les différentes spécialités artistiques étaient arri-vées en Alsace. Or, Messieurs, si je vous rends attentifs à ces faits, qui pourraient sembler s'écarter de mon sujet, c'est qu'ils prouvent, de reste, qu'à Strasbourg il y avait alors des écoles d'art et des artistes aussi renommés que les écoles d'aucune autre ville d'Allemagne, et je veux en tirer la conséquence et vous prouver qu'il ne faut pas chercher ailleurs que chez nous le maître distingué qui a conçu et exécuté les vitraux qui sont l'objet de cette note.

Ainsi, à Nuremberg, on n'a qu'une seule verrière qu'il soit possible de lui attribuer avec certitude; tandis qu'à Strasbourg nous possédons, outre une série complète à Sainte-Marie-Magdeleine, Saint-Guillaume, où l'on reconnaît incontestablement ce même auteur; Saint-Pierre-le-Vieux, où certains panneaux dépareillés doivent aussi avoir été peints par lui, tant la manière est identique; Wissembourg, où il m'a semblé reconnaître la même touche, et surtout Waldbourg, où un certain nombre de grandes figures sont aussi de lui, ou ont au moins été exécutées sous sa direction, dans son atelier. Il est, du reste, évident pour moi qu'il a dû exister beaucoup de verrières détruites aujourd'hui, lesquelles étaient des œuvres produites par ce maître ou son école, car les morceaux dépareillés, retrouvés dans mes travaux à la cathédrale, où ils avaient été placés à tort et à travers par les affreux restaurateurs du siècle passé, attestent évidemment la même facture. On peut donc sup-poser avec raison, que Peter Volkamer, voulant donner à l'église de Saint-Laurent une peinture hors ligne, avait dû tout naturellement s'adresser à l'atelier le plus en renom de son temps, et que c'est chez nous qu'il trouva précisé-ment ce qu'il cherchait.

La suite de mes travaux à Sainte-Marie-Magdeleine jettera

peut-être quelque lumière et démontrera la vérité de mes assertions sur cet intéressant sujet, cependant il faut bien se rappeler que les vieux maîtres catholiques, tout entiers à la gloire de Dieu et des saints, n'oubliaient ordinairement qu'une chose dans leurs œuvres, c'est de nous parler d'eux, et nos vitraux sont bien la preuve combien ils semblaient peu soucieux de ce que deviendraient leurs noms et leur renommée dans ce monde; quoi qu'il en soit, je pense en avoir dit assez pour prouver que Strasbourg peut à juste titre revendiquer dès à présent cette illustration et la gloire artistique qui en ressort.

Dans le regret que j'ai de ne pouvoir vous donner dans ce moment un travail tout à fait complet, je crois au moins avoir indiqué à de plus érudits une source de recherches et de travaux qui, dans tous les cas, seraient d'un si haut intérêt pour l'histoire des beaux-arts au quinzième siècle en Alsace et feraient ressortir une fois de plus combien notre pays a toujours été heureusement doué.

La belle photographie que j'ai l'honneur de mettre sous les yeux du comité, est due au talent de M. Charles Winter, qui a fait ses preuves depuis longtemps. Je ne crains pas d'affirmer encore que c'est la première fois qu'un vitrail dont la reproduction offre des difficultés presque insurmontables, ait réussi aussi complétement.

ASPECT GÉNÉRAL DES VITRAUX D'ALSACE

DANS LEURS RAPPORTS

AVEC DEUX DU CENTRE DE LA FRANCE.

De savantes dissertations vous ont fait la monographie des vitraux que possède encore notre pays ; vous avez sans doute remarqué que l'Alsace se distinguait par un genre en quelque sorte particulier, et pouvait marcher l'égale des provinces qui ont produit les œuvres les plus remarquables dans cette grande branche de l'art créé par les vieux maîtres catholiques. — Permettez-moi, Messieurs, de soumettre au Congrès quelques observations techniques, résultat des recherches et des études qu'il m'a été donné de faire.

L'art verrier, par le fait même de ses conditions essentielles et de ses procédés spéciaux, ne saurait être que monumental : il est, en quelque sorte, le complément indispensable de nos vieux édifices chrétiens appelés gothiques on ne sait trop pourquoi. En effet, les immenses claires-voies ménagées par les architectes, appelaient une décoration aussi grandiose qu'elles-mêmes, et nous pensons qu'il ne faut pas chercher ailleurs les raisons du splendide développement qu'a pris cet art, vers le XIIIe et le XIVe siècle ; il est donc venu comme une conséquence nécessaire de la synthèse qui a créé les monuments que réclamaient la majesté et les magnificences du culte catholique.

L'Alsace ne devait pas rester en arrière du grand mouvement de Renaissance du XIe siècle, mouvement duquel est sorti incontestablement l'art nouveau engendré par le christianisme ; aussi, dès le siècle suivant, n'avait-elle plus rien à envier à ses voisins, et notre art y a jeté dès lors l'éclat le plus vif. Pour en être convaincu, il suffit d'étudier les beaux vitraux que nous avons retrouvés à la cathédrale, et qui sont d'une profusion telle, qu'il a été possible d'inventorier plus de cinquante motifs différents de bordures, sans compter des panneaux de médaillons et nombre de figures de toutes dimensions, dont les beaux dessins, dus au talent de M. Émile Haas, également chargé de la reproduction de toutes les verrières restaurées, sont aujourd'hui, par les soins de M. l'architecte Klotz, réunis et conservés aux archives de l'*Œuvre-Notre-Dame.*

Quand nous avons commencé les grandes réparations du chœur, nombre de panneaux anciens étaient dispersés dans des baies du XIIIe siècle ; or, il est frappant que celles du XIIe, existant encore aujourd'hui, ne suffiraient pas à les contenir, ce qui fait supposer qu'il a existé jadis une nef contemporaine du chœur, démolie pour reconstruire le vaisseau d'aujourd'hui et dont les vitraux, d'une beauté incontestable alors, auraient été conservés pour les utiliser et les replacer plus tard, ce qui vérifie une fois de plus la belle expression de Raoul Glaber, chroniqueur du temps, qui dit que partout on démolissait d'anciennes églises pour les reconstruire dans le style nouveau, et que la terre semblait se dépouiller de son vieil habit pour revêtir le blanc vêtement de l'Église.

Ce qui caractérise surtout notre XIIe siècle, c'est une élégance de style, une ampleur de dessin et une largeur d'exécution peu communes. Mais ce ne sont pas seulement les vitraux qui sont remarquables : il y avait probablement dès cette époque, à Strasbourg, une grande école artistique dont l'éclat et les enseignements rayonnaient sur tout le pays, ce dont témoigne le *Hortus deliciarum*, composé par ordre de Herrade de Landsberg, abbesse du monastère de Sainte-Odile, et qui porte la date précise de 1170. Ce qu'il y a surtout d'admirable dans les miniatures de cet incomparable manuscrit, c'est la fermeté et la science de la ligne; les figures ont un tel caractère de grandeur, le style en est si noble et si largement compris, qu'il est possible, quelles que soient d'ailleurs l'échelle et l'exiguïté des figures, de les grandir jusqu'à la taille colossale, en leur conservant l'agencement général et le caractère particulier qui les distingue. Cette œuvre, quoique exécutée sur vélin, a une telle similitude avec les beaux vitraux qui lui sont contemporains, qu'il nous a été facile, en la consultant pour nos réparations, de restituer des parties entières de verrières perdues; souvent même, nous devons le dire, il n'y a eu qu'à reproduire presque exactement. Les deux roses du transept, du côté de l'épître, entre autres, se trouvent entièrement dans le manuscrit de Herrade, avec les développements que comportait naturellement le dessin sur vélin, et qu'il était impossible de figurer dans un vitrail. Il nous aurait été à tout jamais impossible, sans son secours, d'en reconstituer les inscriptions tronquées et mutilées par les malheureuses restaurations du siècle passé. Ce manuscrit doit aussi servir à fixer la date de toutes les verrières qui lui sont contemporaines, et dont on a retrouvé à Neuwiller un très-précieux échantillon, déposé aujourd'hui au musée de Cluny. J'ai été chargé dans le temps, par le Ministre de l'intérieur, d'exécuter le fac-simile placé maintenant dans la chapelle de Saint-Sébastien.

Disons encore que l'influence byzantine est ici bien évidente : pour s'en convaincre, il suffira de comparer les manuscrits grecs conservés à la Bibliothèque impériale. Tous les détails de l'ornementation, les broderies des manteaux ont un caractère, une analogie qu'il est impossible de méconnaître ; mais surtout dans nos vitraux, une figure d'empereur, assise et accompagnée de deux personnages qui sont toujours placés à côté des figures impériales de l'Orient, est parfaitement identique à celles représentées sur les ivoires grecs de la bonne époque.

Les costumes des apôtres, un saint Jean l'évangéliste représenté vieux et barbu, les riches et brillants vêtements des anges qui ont ordinairement les pieds chaussés, indiquent aussi incontestablement la grande influence de l'art et des artistes byzantins dans la création de nos écoles d'art au XIIe siècle.

Ce qui frappe à première vue dans nos monuments, c'est la grande différence qui règne dans l'ornementation comparée à celle des vitraux du centre de la France, et surtout, vers le XIVe siècle, l'emploi, je dirai presque l'abus, de formes empruntées aux lignes architecturales. Dès le XIIIe siècle, les motifs d'ornementation sont pris dans la flore locale, et il semblerait que la finesse d'exécution que savaient donner les sculpteurs à la pierre, à notre beau grès vosgien d'un grain si parfait, doit avoir séduit les verriers par la facilité qu'ils avaient à approprier ces détails à leur spécialité. Ainsi, à la chapelle Sainte-Catherine de la cathédrale (1336), la partie inférieure seule de la baie contient un personnage, pendant que la lancette, de près de 8 mètres de haut, est remplie par d'immenses pinacles aux lignes sveltes et amaigries. A Haslach, l'agencement des différents médaillons semble dessiné d'un seul jet avec l'ossature de pierre, et ce sont encore des motifs d'architecture qui viennent former le réseau du vitrail.

A Sainte-Marie-Magdeleine, qui date de 1481, c'est toujours de l'architecture qui garnit la plus grande partie de la baie ; cette architecture est blanche, mais d'une finesse de ton et d'un modelé incomparables.

Les harmonies générales de notre contrée se distinguent par un ton chaud et doré qui résulte de l'emploi des verres jaunes. Nous ne connaissons que Rouen qui se rapproche de notre gamme de tons, tandis qu'à Chartres, à Bourges, même à Amiens et à Reims, à Troyes, au Mans et jusqu'à Conches, c'est partout le rouge et le bleu qui dominent. A Chartres, les vitraux à fonds rouges ont même un aspect bleu, par l'effet de l'ornementation et des couleurs affectées aux personnages; à Notre-Dame de Paris, les grandes roses, seules restes de son ancienne vitrerie, sont d'un aspect bleu; les verts et les jaunes sont extrêmement pâles, si pâles que le bleu, ici très-vif, l'emporte sur les autres tons, et à une grande distance, surtout vers le soir, il absorbe en quelque sorte toutes les autres couleurs, et pour mes travaux de Notre-Dame de Paris, j'ai dû faire fabriquer toute une série de tons spéciaux dont je ne trouverais que très-difficilement l'emploi dans les restaurations à exécuter dans notre région vosgienne dont les tons sont presque généralement moins blonds et plus hauts en couleur surtout au XIIIe siècle.

En Alsace, vous avez dû remarquer que les jaunes et les verts sont extrêmement vifs, et au XVe siècle ils tendent tellement à dominer, que les verrières affectent un ton tout à fait chaud et doré, comme les deux vitraux de la chapelle Saint-Laurent de la cathédrale, et qui nous viennent de l'ancienne église du couvent des Dominicains, aujourd'hui le Temple-Neuf.

Les tons pourpre-violet sont aussi moins répandus qu'ailleurs, et de là une nouvelle différence dans l'ensemble de l'harmonie.

Du reste, on pourrait dire que chaque monument avait son harmonie particulière à lui; nous avons surtout été frappé de ce fait lorsqu'il s'est agi d'approprier certains vitraux des Dominicains à la cathédrale, où ils sont encore

parfaitement reconnaissables, tant sont sensibles les différences de ton et surtout l'ensemble de la gamme des couleurs.

Les verres blancs sont généralement très-couverts chez
nous, même au XIIe siècle, et en général on peut dire que
les verrières des bords du Rhin sont beaucoup plus cou-
vertes que celles de l'intérieur de la France. On a beaucoup agité la question de savoir si les anciens maîtres met-
taient une couverte sur leurs vitraux, nous n'hésiterons pas
à répondre par l'affirmative.

Est-il rien de plus désagréable que des verrières entièrement transparentes, et dont l'image, semblable à un effet
de lanterne magique, vient se refléter sur les dalles du sanc-
tuaire ou sur le dos des fidèles? Le Révérend Père Martin
comparait cet effet à celui d'une goutte de vinaigre dans
l'œil, qui rend impossible toute harmonie. Or, ceux qui
possédaient à un si haut degré le sentiment et la science
des tons entiers, devaient bien comprendre qu'il fallait au
tableau une espèce de glacis pour arriver à un effet complet : aussi avons-nous trouvé partout les verres couverts.
A Saint-Pierre-le-Jeune de Strasbourg et à Wissembourg,
des verres de couleur (fin du XIVe ou du XVe siècle), assemblés par simples formes géométriques sans peinture,
sont partout couverts pour enlever la crudité des tons. —
Quelle pouvait donc être la nature de cette couverte, que la
manie du rajeunissement a trop souvent détruite? Les nom-
breuses études qu'il m'a été possible de faire à ce sujet,
m'ont convaincu qu'elle devoit avoir été appliquée à l'huile,
et qu'il y avait plus qu'un simple liant à la colle pour la faire
adhérer au verre; la nature des stries laissées par le pinceau et la vérification qu'a pu donner l'analyse chimique
rendent le fait incontestable.

Cette couverte était appliquée sur le vitrail, mis en place :

nous avons trouvé souvent le filet de scellement, caché par la feuillure, parfaitement intact; la couverte avait donc été appliquée après coup et c'était, en effet, le meilleur moyen de juger définitivement de l'effet et de l'harmonie de l'ensemble.

Ne serait-on pas dans le vrai, en supposant que les vieux maîtres avaient senti que leurs vitraux prendraient inévitablement la poussière, la vétusté du temps, et que le *grouillant* (permettez-moi cette expression technique) en serait augmenté; et n'auraient-ils pas cherché par avance à produire ce que l'âge devait compléter et achever? Disons ici que l'imitation de cette couverte, que la vétusté a rendue plus vive en l'augmentant en certaines parties, en l'enlevant en certaines autres, nous a toujours semblé une des plus grandes difficultés que présente la restauration d'anciennes verrières; car il s'agit de l'appliquer de telle sorte que, par l'action du temps qui se produit inévitablement, le vitrail ne devienne pas absolument opaque dans les parties refaites.

Il est intéressant de constater que les procédés, les recettes de la peinture sur verre sont à peu près les mêmes dans toute la catholicité; et quand un progrès technique se fait remarquer, il est impossible de dire si l'initiative en est due à telle ou telle région. N'est-ce pas là une marque de cette bonne confraternité qui liait et devrait lier encore entre eux les artistes chrétiens? Les différences que l'on observe sont des différences de style et d'école, ou résultant du sentiment individuel de chaque artiste, et constituant la variété dans la grande unité. Ainsi, aux XIIe, XIIIe et XIVe siècles, la manière de peindre se compose invariablement d'un trait foncé, dur et ferme comme le plomb, indiquant franchement l'agencement des plis et la tournure générale; ce trait est renforcé de quelques demi-teintes posées en tons plats et modelant de la façon la plus simple, quoique la plus énergique, l'ensemble de la figure. Ici, tout doit être, comme on le voit, sacrifié à l'élégance de la ligne; il est impossible de recourir à aucun artifice d'effet pour dissimuler l'impuissance de la pensée ou de l'expression; l'artiste est forcé, comme coloration, d'aborder sans hésitation la grande et difficile harmonie des tons entiers, d'autant plus entiers qu'ils sont tranchés, comme nous venons de dire, par des lignes noires et dures. Cet artifice des demi-teintes, empruntant des nuances à l'ensemble du tableau pour passer d'un ton à l'autre et arriver plus facilement à une harmonie complète; cet artifice, possible avec la palette à l'huile seulement, est impraticable ici. Au XVIe siècle, la peinture sur verre de notre pays suit la même marche que la peinture à l'huile : l'influence de Holbein, d'Albrecht Durer, de l'École de Cologne, s'y reconnaît facilement, et elle affecte tous les caractères que l'on attribue à l'École allemande.

Les couleurs dont on s'est servi chez nous pour peindre ont pour base, au XIIe siècle, l'oxyde de cuivre, donnant un noir verdâtre, le même qui est indiqué dans le Traité du moine Théophile. Ce n'est qu'à grand'peine qu'on l'abandonne, vers le XIIIe siècle, pour l'oxyde de fer, qui se rapproche du ton de la sépia, et on le reprend même déjà vers la fin du XVe pour ne plus le quitter; dans la peinture en apprêt, que les frères Linck ont pratiquée avec tant de succès à Strasbourg, vers 1620, on ne se sert plus que de ce dernier, et on comprend que le ton brun pouvait nuire considérablement aux baux émaux, que ces artistes éminents, et toute l'école qui se rattache à eux, savaient composer et appliquer d'une façon si merveilleuse; Strasbourg, on peut l'affirmer, tient la tête de ce genre si remarquable.

Dans le centre de la France il n'en est pas de même : c'est presque toujours, dès la fin du XIIe, et jusqu'au XVIe

siècle, l'oxyde de fer qui fait la base de la couleur dont on se sert pour peindre les traits et le modelé.

Les verres sont coupés et égrisés d'après les mêmes procédés pendant tout le moyen âge jusqu'au moment où on arrive à se servir du diamant.

La mise en plomb est faite partout de la même manière; les plombs, coulés dans une lingotière, sont amincis au rabot, ils sont soudés seulement sur leurs points d'intersection entre eux; c'est la méthode indiquée dans le traité du moine Théophile; cependant, nous devons dire qu'elle est évidemment inférieure à la nôtre, où les plombs laminés sont plus égaux entre eux et partant sertissent plus exactement et plus uniformément les verres; étamés sur les deux surfaces dans toute leur longueur par une forte couche d'étain, cet étamage leur donne aussi plus de rigidité, tout en les rendant plus élastiques pour résister à l'action du vent et à l'oxydation que produit nécessairement l'influence atmosphérique sur le plomb nu.

Je pense, Messieurs, par ce court aperçu vous avoir suffisamment indiqué les traits qui, comme école, différencient notre pays des autres provinces, et aussi ceux qui la rattachent au grand centre de l'art catholique.

Je pense ici devoir dire quelques mots d'une grave question qui s'est présentée de notre temps et qui préoccupe avec raison tous ceux qui s'intéressent à la peinture monumentale sur verre : doit-on modeler le vitrail comme des figures peintes d'après nature; en un mot, peut-on faire ici ce qu'on appelle du réalisme en peinture ?

L'art du verrier a des procédés à lui, il a des ressources d'éclat et de puissance de ton que la peinture à l'huile ne saurait égaler; par contre, celle-ci a la perspective aérienne et le clair-obscur, que l'autre ne pourra jamais atteindre en raison de ses conditions de mise en œuvre mêmes, et surtout de l'inflexible dureté des plombs, qui, dans les sujets de quelque importance, cerneront toujours d'une ligne noire le contour des figures et des couleurs, et qu'il faut accepter, bon gré, mal gré.

Le vitrail monumental doit être une muraille transparente; en modelant trop les figures, on arrive à leur donner un aspect de relief métallique qui n'est plus en rapport avec l'architecture, puisque l'on produit des saillies, là où il est évident que l'architecte a voulu avoir des surfaces planes; or, en étudiant consciencieusement les procédés des vieux maîtres catholiques, on trouve que, même au XVIe siècle, où l'on se préoccupait tant de l'imitation de la nature, le modelé s'arrête à un certain point, et ne cherche jamais à lutter avec celui que l'on produit dans les tableaux sur bois ou sur toile: ce dont il sera facile de se convaincre en étudiant attentivement Saint-Guillaume de Strasbourg, ainsi que Sainte-Marie-Magdeleine, la cathédrale de Troyes et les autres œuvres si remarquables de cette ville et jusqu'à la cathédrale d'Auch; même Sainte-Patrice de Rouen et Conches, malgré leurs différences d'origine, de style et de caractère, ne procèdent pas autrement, car c'est ici une théorie générale, parfaitement comprise et appliquée par tous ceux qui ont jadis pratiqué les moyens de l'art verrier.

On a voulu faire croire qu'il y avait eu des secrets perdus, et quelques verriers font mystère de ceux qu'ils pensent avoir retrouvés; pour notre compte, nous ne croyons pas qu'il y ait eu jamais ni secret ni mystère: la preuve, c'est qu'on a toujours fait du verre de couleur; qu'en Angleterre, même dans certaines parties de l'Allemagne on n'a jamais cessé de faire des vitraux. — En France, les frères Le Viel faisaient au siècle passé des œuvres remarquables: leur beau traité, dont les recettes font autorité encore parmi nous, date de la fin du XVIIIe siècle; sans aller plus loin, on conserve dans les magasins de la cathédrale l'œuvre d'un Strasbourgeois, qui était aussi graveur, de Daniel Dannecker, datée de 1759. Comme couleur, ou, pour mieux dire, comme verre de couleur brillant, sa valeur est égale à quelque vitrail que ce soit; ce qui fait défaut, c'est l'intelligence des conditions de l'art : en le comparant à une œuvre du moyen âge, on sent évidemment que la tradition est rompue : les artistes, infidèles à leur mission, dédaignaient d'enseigner les simples de cœur et d'écrire pour eux ce beau livre des vitraux. Ils s'étaient voués à la décoration des boudoirs et y avaient transporté l'art sensuel et mythologique qu'ils cultivaient et qui seul pouvait y être goûté. Comme procédés techniques et comme manière de peindre, n'était-il pas impossible, et ce doit être évident pour tout le monde, de faire un beau vitrail avec le pinceau affadi et maniéré de Mignard ou de Vanloo?

Ici s'arrêtent les considérations tirées de l'art verrier lui-même que j'ai pensé être de nature à intéresser le Congrès. Permettez-moi, Messieurs, de vous dire encore quelle est, selon moi, l'œuvre que peut accomplir, de nos jours, l'art qui fait ma spécialité, et le but élevé que doivent poursuivre les artistes qui s'y vouent.

Les œuvres des vieux maîtres ont été mutilées à ce point que souvent elles sont méconnaissables, et le vulgaire a peine à comprendre pourquoi ces hommes, qui avaient à un si haut degré l'intelligence de leur art, semblaient avoir mis les plombs à tort et à travers des figures et sans s'embarrasser des contours, c'est que l'on ne sait pas que peu d'œuvres sont parvenues intactes jusqu'à nous. Les anciens vitraux sont aujourd'hui déshonorés de toutes les façons : transposition des sujets, transposition de couleurs, négligences et maladresses de plombs placés sans entente de dessins, surtout ceux que l'on a prétendu restaurer au siècle dernier, sont encore de nos jours dans le plus déplorable état ; toutes les verrières qui ont passé par les mains des barbares de cette époque menacent ruine, et il est urgent d'y porter le plus prompt remède. Or, ceux qui croient à la renaissance de notre vieil art national, renaissance, du reste, déjà si marquée qu'elle ne peut plus être regardée aujourd'hui comme un engouement ou une affaire de mode, devraient donc avant tout chercher à renouer les traditions du passé, en étudiant et remettant en lumière, sinon dans leur état primitif, les œuvres des vieux maîtres, et il ressortirait d'abord combien elles sont dominées partout par la foi si vive de nos pères et leurs études si consciencieuses et si intelligentes.

Certes, et sans faire de l'archéologie à outrance, il y a plus d'un progrès à accomplir, soit au point de vue de la chimie, soit même au point de vue du dessin, plus d'un procédé manuel à perfectionner ; mais respectons et soumettons-nous aux conditions rigoureuses de la langue que l'artiste doit parler aux fidèles, de l'enseignement dont il doit être le ministre.

Que l'on voie ce qu'a produit la malheureuse manie de faire ce que l'on appelle du vitrail moderne ; ce n'est plus du vitrail, parce qu'on est sorti des conditions techniques de cet art, et quoi qu'on fasse, on n'en fera jamais de la peinture à fresque ou à l'huile, parce que les procédés techniques de l'art ne peuvent s'y plier.

Dans la peinture sur verre il peut y avoir plus d'un genre à préférer, mais avant tout quel que soit celui que l'on choisira, quelle que soit l'époque ou l'école que l'on voudra prendre pour point de départ ou pour modèle, il est, nous en avons l'intime conviction, indispensable de ne pas oublier les conditions monumentales inséparables de cet art, la sœur de l'architecture, et surtout de puiser à cette source divine et chrétienne où s'inspiraient nos pères. Si l'église est la maison commune des fidèles, si tous s'en font gloire, parce qu'elle appartient à tous, on ne saurait apporter trop de soins, faire de trop grandes et sérieuses études pour contribuer à la rendre belle et digne des augustes mystères qui s'y accomplissent; on ne saurait trop se bien pénétrer et mettre en pratique la noble maxime de M. de Montalembert, que l'artiste doit être l'homme de Dieu et l'homme du peuple.